U0461081

匠心

『云子』诞生记

陈天杰　李启美　郝性中　著

云南人民出版社

图书在版编目（CIP）数据

匠心："云子"诞生记 / 陈天杰，李啟美，郝性中
著. 昆明：云南人民出版社，2024. 8. -- ISBN 978-
7-222-22962-4

Ⅰ. G891. 3

中国国家版本馆CIP数据核字第2024UF1457号

责任编辑　赵　红
责任校对　溥　思
封面设计　郝忻中
封面题字　何培德
责任印制　代隆参

匠心——"云子"诞生记
JIANGXIN——"YUNZI"DANSHENG JI

陈天杰　李啟美　郝性中　著

出　版　云南人民出版社
发　行　云南人民出版社
社　址　昆明环城西路609号
邮　编　650034
网　址　www.ynpph.com.cn
E-mail　ynrms@sina.com
开　本　889mm×1194mm　1/32
印　张　3.375
字　数　50千
版　次　2024年8月第1版第1次印刷
印　制　昆明毕圣印刷有限公司
书　号　978-7-222-22962-4
定　价　38.00元

云南人民出版社
微信公众号

现代"云子"创始人陈西伯（1894—1981年）

陈西伯创制的“云子”

陈西伯子陈天震收藏的"云子"

陈西伯女陈天杰收藏的"云子"

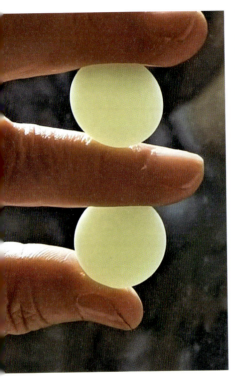

新老"云子"对比（上面的"云子"为陈西伯烧制）

陈西伯之祖父陈瀛波全家福（1908年·摄于昆明）

后排（左起）：陈金瑗、陈季端、阮氏（陈古逸妻）、

刘宝钿（陈竹潭妻）、陈竹潭、陈古逸、

陈序、陈西伯（手持花者）

前排（左起）：陈德勋、张氏（陈乐和妻）、李氏（陈瀛波妻）

陈玉珂、陈巨秋

陈西伯之父陈竹潭全家福（1918年·摄于丁字坡1号老宅）

后排（左起）：周枕云、修绶卿、陈西伯、陈序、郑予前、
　　　　　　　杨达之

中排（左起）：陈玉珂、陈干生、袁婉芝、吕景贤、陈季端、
　　　　　　　陈金瑗、陈巨秋

前排（左起）：陈天祓、刘宝钿（陈竹潭妻）、修德荫、陈竹潭、
　　　　　　　陈天佑、杨家骧

陈西伯全家福（摄于1938年）

后排（左起）：陈天祓、陈天锡、陈天佑、杨齐鲁、
杨家骧、陈琦、陈天易

前排（左起）：吕景贤、杨齐民、陈天爵、陈西伯

陈西伯全家福（1951年·摄于昆明）

后排（左起）：杨齐光、杨齐民、杨家骧、陈天易、
　　　　　　　李良广、陈天爵、陈天锡、郝炬
中排（左起）：郝敏中、陈天佑、杨齐芳、陈天才、
　　　　　　　叶惠英、陈天杰、陈西伯、陈天祓、
　　　　　　　郝忻中、郝性中
前排（左起）：陈天震、李启善、郝怡中、陈天静、
　　　　　　　李启真

陈度（1865—1941年，字古逸）

陈邕和
（1865—1936年，字竹潭）

陈西伯
（1928年·摄于日本长崎）

陈金雯（1898—1995年，字巨秋）

中共昆明市委员会
（1928.1）

陈金雯（女，曾用名：陈巨秋，书记）

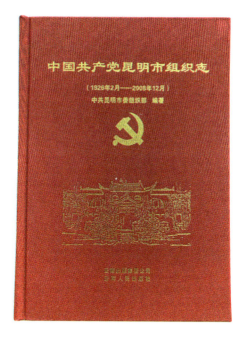

《中国共产党昆明市组织志》载，
陈巨秋曾任昆明市委书记

陈西伯试制成功的安全火柴商标

陈西伯留给女儿陈天静的围棋子及宝石纽扣

1965年研制"云子"制作工艺时的师徒合影
（左起）容的秀、陈西伯、周金和

【雲子围棋的】**历史与发展**

历史文献上提及云子最早的资料有《全唐文》卷九五八中晚唐僧梦休所写《围棋赋》中有："棹设文楸之木，子出滇南之炉。"杏说出了云子是熔烁烧制出来的。诚文距今（到2015年初）大约1100多年。

到明代，《明一统志》中有"永昌之棋甲天下"；1642年初版的《徐霞客游记》中记有："棋子出云南，以永昌为最上"。

再到清代、赵吉士写的《寄园寄所寄》中引用《南中杂说》也有："滇南曾作棋子，而以永昌为第一"。

但到民国初期，云子围棋的传统制作技术处于失传状态。

新中国成立后，1961年，陈毅副总理视察云南，对云子围棋的生产非常关心。并作出指示委警力恢复出传统的云子围棋。1964年，经多方了解，尚有一位叫陈寿伯的老先生，年已古稀，还能做出云子。在云南省政府的多方工作下遂请陈寿伯老先生（1894年生于昆明），开始云子围棋试制工作，后由于历史原因，云子试制工作停止不前。

1974年，在国家体委及云南省政府、云南省体委的关心支持下，在云南省副省长史怀璧及云南省轻工厅厅长林圣的主持下又开展云子围棋的试制并恢复生产。昆明市第十二中学组建了试制小组积极参与试制，参与人员还有云南省体委的徐维出赛结。到1974年底（1975年冬），试制组成员王总字老师成功地试制出首批城子，被定名为"云子"。1975年初（1976年初），首批"云子"通过国家体委鉴定。

云南围棋厂有关"'云子'围棋的历史与发展"展板

陈西伯后人与云南围棋厂工作人员座谈会现场

云南围棋厂总工程师何华封(右)、陈西伯儿子陈天奇(左)

云南围棋队原总队队长周林书

　陈西伯长子陈天震向云南围棋厂捐赠陈西伯1965年烧制的"云子"

陈天杰、何华封、周林书、陈天震、陈建群、罗玲、陈天奇、郝性中2016年2月2日在云南围棋厂合影留念

前　言

陈西伯，名陈庚，字西伯，后以字行。原籍江西临川，1894年5月14日（光绪二十年，农历甲午年四月初十日）生于昆明。

提起陈西伯这个名字，可能知道的人并不多。但是提起"云子"，凡下围棋的人都知道。说起这黑白相间的"云子"，就不能不提到陈西伯，五十七年前，正是他的宵衣旰食、殚精竭虑，才让尘封的"云子"得以再次出现在世人面前。现代"云子"的创始人即为此公。

国务院于2021年6月10日公布了第五批国家级非物质文化遗产代表性项目名录（共计一百八十五项）和国家级非物质文化遗产代表性项目名录扩展项目名录（共计一百四十项）。"云子"制作技艺正式被列入第五批国家级非物质文化遗产代表性项目名录。其申报书中写道：

"云子"是云南围棋子的简称……"云子"制作技艺始于唐代盛于明清，采用云南特有的玛瑙、紫英石等天然矿物原料，经古法窑烧并以独特的手工技艺滴制成形，其材料配比为保密配方，制作技艺分十二道工序，棋子质地润糯，异常坚硬，黑如墨，白如玉，冬暖夏凉，是古往今来举世公认的棋中圣品。

　　"云子"是中国围棋不可或缺的组成部分，具有重要的历史价值。一千二百多年的历史，是一个特殊的文化符号。而"云子"的制作技艺，在早年就已失传。中华人民共和国成立后，云南围棋子的恢复得到了党和国家领导人的高度重视。在陈毅元帅（时任国务院副总理兼任围棋协会名誉主席）的多次关心指导下，1965年陈西伯成功恢复试制"云子"成功，进行了小批量生产，1975年在昆明成功复原了"云子"的原料配方和制作工艺，试制出第一批质量完善的棋子，使失传数十年的"云子"得以问世……

　　上述表述，充分肯定了作为现代"云子"的创始人——陈西伯先生对"云子"的研发所做出的重要贡献。约略的申报书，显然不能完全展示陈公的传奇一生。当一个人把生命和一件功莫大焉的大事件联系在一起的时候，历史脉络如何？个中细节怎样？面对后人存在的一些不同意见，我们该怎样还原那段历史？

本书讲述了陈西伯成功恢复试制"云子"的故事，体现了陈西伯以饱满的热情和上进心，专注于事业，追求至臻的境界和他精益求精的工匠精神、家国情怀。

目 录

一、书香门第　翰墨世家

陈西伯出身于书香门第、文化世家。

《陈氏家谱·陈瀛波支系》记载，陈西伯祖父陈时化（字瀛波，江西临川人，系江西九江陈氏名门第三十四世祖），其祖上为烧窑制瓷世家。陈时化七岁丧父，十五岁到安徽姑孰学习制笔。清咸丰年间（1851—1861年），陈时化携家眷由江西临川到昆明，以制笔技业为生。滇乱时襄办粮台，以功保巡检，事定后不乐仕进，隐于市，仍司笔业。后以孙陈度官吏部，封中宪大夫。因善书法并深得用笔奥妙，习书法者来购买时，他请购买者先试笔，看其书法如近欧体、柳体，卖给毫硬而细的笔；如近苏体、米体，卖给毫软而粗的笔，大家都很满意。因此陈家的笔在同行中颇有名气，尤其是"精制椽笔"，很为云南书法界人士称道。

陈时化和媳李氏育有陈乐和、陈邕和二子和陈氏一女。

陈西伯父亲陈邕和，字竹潭，系陈时化次子，1865年2月生于昆明，一度承袭其父制笔技艺。1901年以云南泸西县户籍考取举人，候选知县。由于云南新学人才极端匮缺，云南地方当局意识到云南的落后，决定选派留学生到日本留学。为确保所派出的每位学生均能学有所成，服务滇省，考选留学生时就很严格，要求所派学生"品端学裕，有志上进"，"质美年优，文明理达"。这些人多系举人或乡试落第但确系可造之才。1904年，陈邕和被选中官费留学日本，就读于日本宏文师范电气专门学校，是辛亥革命前云南派往日本的上千名留学生之一。陈邕和学成后回国曾任北京本省各学堂教员，云南造币厂科长兼化验技师，后历任云南师范传习所、云南府中学堂、云南女子师范学堂数理化教员、豫章学校校长、云南盐运使署科长等。

陈邕和自幼聪敏异常，善于接受新鲜事物，反对封建思想，而且他对围棋也很有兴趣，经常与他人对弈，对围棋有相当造诣。他的这一爱好，影响了陈氏家族几代人。

回国时，他提倡实业救国，从日本带回各种工业仪器，回滇后对工艺钻研甚力，曾烧制玻璃，研创电池、手摇织布机等，并办过砖瓦厂，秉承老家江西烧窑工艺开办陶瓷厂，因而家中曾留下无数窑坯等器具。当时全国新学初起，而云南地处边陲尤为落后，陈邕和能在既无老师指导，又无现成设备的处境之中奋发努力，自学数学、物理、电化学、机械学、冶金学，"攻算学、一日九章"，并取得成就，为时人所称颂。陈古逸在《竹潭叔父六十寿序》、《泡影集》（卷八）称其"金工、木工萃于一身，煅之、炼之、斫之、削之，成织布机一，轮轴相衔，一人可司数机。已更读格致西籍，通物理、电化学，成电灯一具荧然可观。又于滇矿中析出镍、钴、铬等原质，皆为之于风气闭塞之时，成绩尤如此，倘幼即入欧美专门学堂，其成就当如何？"云南状元袁嘉谷曾赞其"与世界发明家相抗"。

1936年7月，陈邕和卒于昆明，享年七十一岁。袁嘉谷在讣文中对其赞道："斯是奇人，蕴奇思，发奇才。"陈西伯时年四十二岁，已入不惑之年。

陈乐和长子陈度，字古逸，晚年以字作名，即陈古逸，号琴禅居士，是陈西伯堂兄。《竹潭叔父六十寿序》即为其撰写。从文笔来看，凝练且直达，功底深厚且不着痕迹。同时我们注意到，陈邑和与陈古逸叔侄同庚，而陈古逸能用情至深为同岁的叔叔写出寿文，一个原因是家风尊悌有道，很讲规矩，另一个原因则是陈邑和必有过人之处。

陈古逸1865年6月12日生于昆明，自幼聪慧过人。陈度的祖辈虽以制笔为业，但文化修养很高，自小父亲即命其业儒。后入莲湖吟社，竭尽全力攻读诗文，占泸西籍入痒。1894年考试中举，掌普洱宏远书院，撰《普洱府志》五十二卷。创办的"译算学堂"，是当时全国第一个以学堂命名、教授算学等新学的府级学堂（参见《普洱党史》）。继肄业经正书院，为经正学院九十名高才生之一。1904年考为进士，在吏部文选司任主事。为修川滇铁路曾被派往美国选任工程师。滇省光复前后曾任两届云南造币分厂（又称龙元局）总办。随后在蔡锷军政府任外交司长，他发挥其外交才能，多次驳回法国、英国的无理要求，"杜衅端而固主权"，蔡锷以其"畅晓外情，辑睦邦交"，乃请北京政府授予其"四等嘉禾勋章"。此后，又历任政务厅第一曹军参事兼都督府秘书官、大清银行清理员、云南都督府咨议官、代理富滇银行监督官、云南省宪筹备处筹备员等职。他为官干练、廉洁，不贪恋权势，很快辞官，遂不复任。

陈古逸擅长古文诗词，与云南名贤宋镜澄（嘉俊）、袁树五（嘉谷）、张愚若（学智）交往密切，酬唱往返，人称"四皓"（参见《滇南碑传集校补·宋镜澄先生传》）。又与陈荣昌、袁嘉谷并称"滇中三杰"。他还擅长书画篆刻，其诗清雅俊逸。著有《泡影集》《琴禅居士书画集》《昆明近世社会变迁志略》，并与袁嘉谷、孙乐合编《湖月集》《湖月续集》等。书法以汉隶及擘窠书为著，在昆明西山华亭寺题书"天王宝殿"，大观公园题书"观稼堂"等匾额，字体飘逸而凝重。在太华寺天王宝殿后两廊诗碑刻有诗词两首，安宁温泉石刻有题书二则。绘画以指画尤著于世，为云南指画一代宗师。晚年长斋念佛，受菩萨戒。陈古逸教诲子孙："立身必须坚信因果，从公必须服膺正、慎、仁。"

陈古逸1941年10月9日卒，享年七十七岁。

《云南文史丛刊》《云南历代书法选》《中国美术家人名词典》《昆明佛教史》等书籍均有条目记载。

云南名人袁嘉谷为其《泡影集》作序，称其"世之知古逸者，将与诗古文词见古逸之长耶！夫古逸之长，宁独诗古文词耶。大之如政法、如邦交、如经史学；小之曰指画、曰篆隶、曰赋、曰牍、曰琴、曰钟鼎、曰镌印、曰制器、曰饮馔、曰树艺，无一弗明，明无弗精，精无弗行"。

这里还要特别提一下陈邕和的三女儿，陈西伯的妹妹陈金雯（字巨秋）。陈金雯1898年11月6日生，她自小聪颖，心胸开阔。1915年开始教小学，1920年就读于东陆大学（云南大学前身），从此一生从事教育工作。曾在昆女师附二小、昆华女中任教。她在昆女师附二小任教时即参加革命，常用自己的薪金及家中财物资助革命活动，曾资助许多革命同志（如徐克等人）北上到革命根据地延安。她曾是大革命时期昆明市中共地下组织领导人之一。

1927年初，在国共合作形势下，受中国共产党组织派遣，云南籍早期中共党员王复生回到云南，主持建立以共产党员和国民党左派为骨干的"国民党云南省临时党部"（实为中共外围组织），积极配合中共云南地方组织开展轰轰烈烈的国民革命运动。四一二反革命政变后，云南省政府出动大批军警，查封了云南国民党左派党部及团体，逮捕共产党员和国民党左派人士，组织转入地下工作。

陈金雯1927年末任中共昆明市第一任市委书记。当年被捕入狱，铁窗镣铐受尽皮肉煎熬一年多，次年由组织营救出狱。1949年曾当选昆明市人民代表，反右运动中因直言蒙受不白之冤，1979年终得平反。1995年3月28日无疾而终，享年九十七岁。

江西九江陈氏三十四世家族后人数量庞大，人才辈出，不再一一列举。出身于这样的家庭，陈西伯的思想观念及人生经历无疑会受到重大影响。放在更大的视野来看，中国人一直安土重迁，当年的江西人因为国家政策大量举家外迁，到云南的不在少数。腾冲的银杏村，即为当年外迁至此的江西人每逢回到老家祭祖，都从故乡带回银杏树苗在此地栽种，以示不忘祖先，这才有了如今规模庞大的银杏村。江西人的忠孝可见一斑，正是这种根深蒂固的优良传统，才有了后辈荫承祖训人才辈出的情况，陈氏家族即为一例。

二、擅长矿冶 烧制宝石

陈西伯自幼聪颖，敏而好学，在父亲和兄长的熏陶下，尤喜欢自己动手。其四岁由父亲启蒙，1902年开始在私塾读书。1904年，陈西伯八岁，当时云南新学兴起，父亲送他进入云南模范第四高等学堂学习。新颖的学科和教学方法，激发了他极大的学习兴趣。由于成绩优异，1906年即予毕业。入云南省会中学（现昆明市第一中学）学习，1908年毕业。

清朝末年，社会经济日渐衰退，社会矛盾空前激化，民族危机急剧加深。李经羲等一批人士提出"实业救滇"，认为矿产在滇之实业中最为核心。1910年，云贵总督李经羲创建"云南艺徒学堂"，后改称"初等工艺学堂"，并开办"云南高等工矿学堂"（为云南省的第一所工科大学、云南工学院前身），设高等生一班，中等生四班。高等生主要招收云贵两省优级师范选科理化、博物两类的优秀毕业生（参见《云南教育史》），陈西伯旋即考入。该学堂主要教授采矿、冶金、应用化学等学科，在教授先进的理论知识的同时，非常注重实践教学，设有"理化实验室"，供学生进行实验研究。陈西伯在这段宝贵的时间里刻苦学习，尽其所能汲取了丰富的近代科学文化知识及当时先进的矿物学和冶炼化工知识，掌握了基本的实际操作技能，为后来的围棋（恢复）制作工艺打下了良好基础。1911年陈西伯毕业，他属于清末受过现代教育的一代。

毕业后直到1916年，陈西伯随父学窑业，先后在父亲的文兴砖瓦厂负责配料、装烧和在文富陶瓷厂负责配料、烧制、提纯"碗花"（氧化钴——青花瓷原料）等主要技术工作，学会了制作陶坯、上釉、配料、烧窑，积累了扎实矿物识别和烧制陶瓷的丰富实践经验。在此期间，他研制出人工宝石纽扣及人工宝石装饰的黑头发针。为家庭生计，1914—1922年，他先后将其在市面出售，销售收入一度成为家庭收入的主要来源。他曾说："因受父亲和堂兄的影响，他亦爱科学，特别喜爱钻研化学。"在研制黑头发针过程中，先照书本配料烧制，多次失败，经不断实验、研究改进，终于成功。黑头发针的研制成功，使他深刻体会到科学理论和技术实践相结合的重要性，从而贯穿其一生而有所成就。

民国初年，军阀混战，战祸连年，老百姓生活动荡，陈西伯曾代理云南造币厂化验司事，后在云南陆军医院速成学校习医，毕业后任振襄药房药剂师。1920年，他考入云南省邮务管理局任邮务生，1925年到云南卷烟特捐局任稽查员。

受三妹陈金雯影响，经其介绍，陈西伯1927年参加中共外围组织，在中共地下党员陈西美、杨正元、唐用九等人带领下积极投入革命活动。陈金雯被捕后，有同志通知其暂避。为躲避逮捕，他于同年12月，以字西伯为名改为陈西伯（原名陈庚），请棋友何文伯帮他搞到一张越南护照，经越南东渡日本，到在日本习医的四妹陈玉珂处避难，并考入日本长崎药学专门学校学医。

1928年夏，他从日本回国后，经人介绍于1930年1月考进昆明市政府工务局任科员。因其聪明勤学，擅长园艺，在当时爱好园艺的昆明市市长庾恩锡（晋侯）领导下，参与设计、修建大观公园彩云崖、三潭印月等景观，并负责大观楼、翠湖公园的绿化管理工作。由于成绩斐然，很快由三等科员提升为一等科员。后因国民党政府官员需集体加入国民党，他认为自己原来是反对国民党的而不愿加入，于 1931 年末退职。退职后在昆明慎昌公（一家经营普洱茶、珠宝等的商号）当店员以维持生计。

陈西伯从日本回国途中，听说天津华昌火柴厂（北京火柴厂）创始人张新吾等多次向南京国民党政府农商部恳请执行日内瓦全球禁止黄磷火柴生产的规定后，国内已于 1925 年下文禁造，于是回昆后在工作之余便开始研制安全火柴，1932 年试制成功（当时昆明市面上只有不安全的黄磷火柴）。时值昆明陈德斋集股开设民声火柴公司，由张子才介绍，聘陈西伯为总工程师，主持全面工作。火柴厂很快完成基建、技术培训等，生产走上正轨，开始量产。两年后，陈西伯因揭发经理陈德斋贪污，无法共处，遂于 1934 年辞职，到南京妇女医院任助理医师。

因学过医，他的九个子女有八个都由其在家中亲自接生。家人和他本人病了，均由其医治，不论肌内注射还是静脉注射，他都是亲力亲为，而且十分严谨，服药一日三次，必定八小时一次，就是夜间也如此。

1934年6月，陈西伯又回到昆明，以培植花木，出售车线、黑头发针、人工宝石纽扣为生。

黑头发针及人工宝石纽扣这两种饰物，陈氏家人及同时代昆明一些老人都见过或用过，只不过，当时绝大多数人不会知道这两个技艺会对中国围棋的发展产生何等巨大的影响，或者有心栽花，或者无心插柳，都已经无从考证，但是"云子"最后的重生，毫无疑问与之有着莫大的关系。多才者必多艺，而多才的原因前文已经叙述过很多，可以看出家风家世何等的重要。

人工宝石纽扣颜色多种，色彩鲜艳，阳光下会如同宝石一样闪烁发光，足以以假乱真。其下端留有一个小铁丝环，用来钉在衣服上。

黑头发针长约十厘米，由金属丝制成别针状，顶端有樱桃般大小的黑色圆头，形如发簪，是妇女固定头发的饰物，用时插入发中，只留下黑色圆头在外面，黑头发针在光照下会呈现出墨绿色或墨蓝色光泽，与后来研制出来的"云子"十分相似。陈西伯大女儿年轻时曾在家中帮助父亲烧制发针。只见父亲将独特配好的各种原料放入坩埚内烧成条状，放在大理石板上切块冷却，又将铜丝剪断扭成圆形纽扣把，将烧软的原料裹在纽扣把尖上，趁热再压制成型。这与后来"云子"的制作方法类似。

在陈西伯制作黑头发针、人造宝石纽扣出售期间，还发生过一件有趣的事。一天，一个金发碧眼的外国男子在店铺前驻足观看，被这些做工精美的"宝石"所吸引。他以为这是真的宝石，打算出高价钱买几个。当他询问到价格很便宜时，惊讶得瞪大双眼。陈西伯告诉他，这是人工烧制的饰品，不是真宝石。他立即掏出钱币买了几个，并伸出大拇指，用生硬的中文连连夸道："OK，OK，太美了，简直不可思议！"

这两种饰物的制作原料和工艺，均与陈西伯后来试制"云子"紧密关联，或者说这就是后来恢复试制出的"云子"的雏形。只有掌握丰富的硅酸盐矿冶知识和长期从事过烧制陶瓷、制作宝石纽扣和黑头发针的实践经验，陈西伯才有可能后来领命并成功恢复试制出晶莹剔透、蜚声海内外的"云子"。

当年陈西伯家住云南大学旁老丁字坡1号，是一座四合院，院内栽有缅桂、茶花、樱花、昙花等。他种植花木很讲究科学，院里埋有几口大缸用于沤肥，缸上均注明开始时间，沤到时间才使用。他种的花木长得特别好，枝繁叶茂。一树茶花花开百朵以上，繁花似锦。人说"昙花一现"，他养的昙花花期较长，花朵特别大。缅桂花则有成人拇指那么大，而且香味浓郁，香溢庭院之外，在树上就用绵纸一朵朵包好，在市场上很受欢迎。

陈西伯兴趣广泛，对集邮也有研究，1939年加入我国最早的邮票协会组织——上海新光邮票会。该会与国际邮票组织——纽西兰万国邮票社、英国斯科特邮票公司有业务往来，并与西班牙、捷克、丹麦、瑞典、挪威等多国交换及出售邮票。

1946年，他发起并参与成立新光邮票会昆明分会并任理事（该会是云南早期的集邮协会），负责集邮协会对外联络，与美国和我国上海、香港等地区集邮组织有业务联系。陈西伯是当时云南知名的老集邮家之一。

1949年云南和平解放，他参加昆明市三区街道工作，担任过胜利折实公债劝购员、区公所调解委员会民事调解员、人民代表大会特邀代表等。

1950年，云南省工业厅成立，1951年7月面向社会招考工作人员。陈西伯以五十岁的年龄报考（实际年龄已五十七岁）。考试除文化考试外，还有实物认知。考场摆着不同矿石原料粉末，由参考人员指认。陈西伯通过眼看、手捻、闻，甚至口尝，从颜色、性状、味道等不同方式鉴定，将所有矿石原料的名称、性能、用途等一一准确指认出来，无一差错，得到主考人认可。由于他年纪偏大，是否录取难以确定，遂报请时任主管招考的工业厅副厅长毛更甦定夺。毛副厅长最后拍板说："他年纪虽大，但现在国家急需发展工业，需要的就是这种既有文化理论知识又有实践经验的实用人才，不录取他录取谁？"10月，他被录用为云南省工业厅轻工处技术科技术员。因工作勤勉、负责，技术过硬，不到一年他就被评为化工四级技术员。而他感于毛更甦厅长的知人善任，与其友情至深。

1953年3月，轻工处处长孙仲宇调任昆明工业学校校长，点名陈西伯随调昆明工业学校（后并入云南工学院）。陈西伯先在校办公室从事监印及档案管理工作，后到化学教研组任化学药品及精密仪器管理、实验室指导，办公室、美化绿化校园指导等工作，1964年为恢复试制围棋子退休。

1965年，陈西伯研制"云子"成功，使这一国之瑰宝重放异彩。

1981年7月13日，陈西伯卒于昆明，享年八十八岁。

陈西伯原配吕景贤，1899年生，昆明人，出生于小康之家。聪慧贤淑，勤劳善良，婚后在家侍候公婆、丈夫，生儿育女，勤俭持家。在重男轻女的时代，她一连生了六个女孩，亲友中多有非议。但她自信地对女儿们说，男孩女孩都一样，大家要好好读书，为她争口气。她虽识字不多，但每天晚上做完家务后，把女儿们叫来围坐桌旁学习。她在旁边用"一个管一个"的连环法督促女儿们学习，做完功课才准睡觉。在她的精心教育下，孩子们个个从小勤奋学习，全部高中毕业，其中两人读了大学。

　　吕景贤后来又连生三个男孩（其中两个因病早逝）。育有陈铁生、陈天爵、陈天禄三子，陈天祓、陈天佑、陈天易、陈天锡、陈天祐（后改名陈琦）五女。因家庭经济困难，儿多母苦，她身体虚弱，于1941年4月21日因脑出血卒于家中，享年四十二岁。

　　陈西伯继配叶惠英，1913年9月20日生，昆明人。粗识文字，懂事早，七岁即做零工贴补家用。十六岁嫁前夫土布商陈润甫，三年后前夫病故，遵母训谨守妇节，孀居近十年。双亲过世后自感世事艰难，经亲友介绍于1943年与陈西伯再婚。在家除侍奉婆母、抚育儿女外，还接缝纫活计补贴家用，每至深夜缝纫不辍。

　　叶惠英1956年参加工作，先后在盘龙区红旗服装社、青龙缝纫社、长春缝纫社、新成服装厂、昆明海燕童装厂做车工。她奉公律己，上对婆母至孝，下对儿女慈爱，尤对非己出儿女更为甚之。由于儿女多，家庭经济并不宽裕，全家老少的衣服都出自她手,大改小,旧翻新,物尽其用。其深明大义,乐于助人,外人有事相求亦倾力相助,不计报酬,邻里无论老少均被善待之,深为邻里称赞。1992年11月8日因病卒于昆明,享年七十九岁。

叶惠英育有陈天震、陈天奇二子,陈天静、陈天杰、陈天才(现名陈伟红)三女。

旧社会无计划生育一说,陈西伯家共有十一个子女,家中子女太多也实属无奈。陈西伯天资聪慧,他用文字表达自己的心愿。后来出生的子女取名天静(谐音:尽)、天杰(截)、天才(裁)、天奇(齐),可谓用心良苦。

由于陈西伯家庭教育有方,子女们勤奋努力,几乎每人都在各自工作岗位上做出了很好的成绩,为党为社会做出了应有的贡献。

三、研制"云子" 初露峥嵘

云南是"云子"的故乡。云南虽地处边陲，经济文化发展相对落后，然而云南围棋子——"云子"却是华夏第一品，足堪自豪。

云南围棋子古称"永子"，因其产地在云南永昌郡（今保山地区）而得名。围棋起源于中国，春秋战国时期就有记载，是中华民族传统文化的重要象征，堪称国粹。云南围棋子又是中国围棋不可或缺的组成部分，具有重要的历史价值。

"永子"系用多种矿物熔炼滴凝，而后又用植物油打磨而成，制作工艺有许多奥妙之处。乾隆嘉庆年间，围棋盛行，"永子"应运而生。但由于全靠手工制作，产量甚少。除进贡朝廷外，仅余少量产品供高僧雅士珍弈。后"永子"被高僧侨商携往国外，即被认作珍品，故有"'永子'甲天下"的美称。

中华人民共和国成立之前，战祸连年，"永子"

生产日益萧条,加上制作秘方概不外泄,使这一工艺逐渐失传。中华人民共和国成立后,随着公有化经济发展,所有物资统购统销不允许私人生产,到20世纪60年代,已经见不到真正的"永子"。市面上能买到的几乎都是品相很差的玻璃围棋子及稍后生产出的塑料围棋子。当时昆明有一家叫"斑铜制品社"的小厂还在生产围棋子,由于技术不过关,所产棋子多有气泡沙眼,还会风化断裂。此外,棋子表面泛黑,会有铅等物质析出,下棋过程中手指会被染黑。

何时才能生产出理想中的"云子"?这是广大围棋爱好者的一致心声。

陈西伯的一生,注定和"云子"有着千丝万缕的联系。早在就读云南工矿学堂时,他就学习和掌握了不少矿冶学方面的知识。1911年毕业后在文兴砖瓦厂负责配料装烧。1913—1916年又到文富陶瓷厂负责配料、烧制及提纯氧化钴(青花瓷原料,俗称"碗花"),熟悉和掌握了陶瓷冶炼工艺技术。这段时期,陈西伯已开始接触围棋。历史总是在不经意间标注一个国家和民族前行的刻度,多年以后我们回望陈西伯的那一段时光，会发现它对于中国围棋是一个何等重要的时间节点。

在陈西伯的父亲陈鋆和的影响和带动下，陈氏家族男女老少很多人都会下围棋，围棋成了陈家的传统竞技项目。当时陈氏家族每到大年初一都要在丁字坡1号老宅祭祖，闲暇之时多喜对弈，用的棋子即是家中保存的"永子"，经常是两人对弈，多人围观。有一次下棋时，其中一人不小心摔坏了几颗棋子，急得想哭。陈西伯见状安慰道："不要急，将来我研制出来了烧几颗补上，也可以给你们一人一副。"这事说明陈西伯很早就有自己烧制围棋子的愿望。1927年陈西伯东渡日本时，对围棋的兴趣更是一发不可收拾。后来，在研制宝石纽扣和黑头发针的基础上，他已经能用简单的工具和原来留存的原料烧制出黑白棋子，并为自己拼凑成一副完整的围棋，围棋注定与他相伴终生。

1964年前后，陈西伯是昆明市围棋协会会员，棋艺不错，曾获昆明市围棋比赛名次。空闲时间，他常常带着自制的围棋子到昆明胜利堂围棋协会找棋友下棋（当时棋协不提供棋子，陈西伯用两个布袋装黑白子去）。有的棋友棋子缺失又无处购买，陈西伯拿出自己以前烧制留存的棋子为其补上。他与时任副省长史怀璧、时任轻工厅厅长林亮等领导也曾对弈，林亮见陈西伯带来的棋子质量很好，品质较"永子"优良，随口问道："这是哪来的？"得知是陈西伯自己烧制的，仍将信将疑。对这一段偶然发生的历史再回头来看非常重要，一个个的瞬间看似偶然，连起来之后却成了必然：成功总是留给有准备的人。

提起陈西伯的棋艺，本书整理者李啟美（陈西伯外孙、陈天易的三儿子）有着深刻的记忆："1973年的一天，我在青龙巷大姨妈（陈天祓）家与外公下过一次围棋。当时我拿了一副流行的塑料围棋子，外公拿起一颗看看，不屑地说：'这棋子丑死了。'我说现在只有这种棋子，将就玩玩了。外公执白我执黑，让我两子。布局之后他反守为攻，来抢我的角。外公走棋犀利有力，让我节节败退，四个角被他占了三个。中盘激战时，在他布控的地盘内，每一颗棋子就像长了'眼睛'，看上去虽有较大空间，我却攻不进去，反倒被白子包围，只得勉强退守求活一小块。而在我布控的地盘内，他几步打入就让我难以招架，眼睁睁看着白子地盘不断扩大。收官阶段，凡我的薄弱之处几乎都让他占到便宜，最终我占的目数最多只有三分之一，以惨败告输……这盘棋让我领略了围棋高手的落子气势和布控能力。"

没有无缘无故的爱。陈西伯酷爱下围棋，才想到了制围棋。但是在当时的大环境下，想到未必能做到，需是因缘不断巧合，各方面都在冥冥中促成这件大事，才会有后来的风云际会。

四、陈毅关心　"云子"重生

　　说起"云子"的重生，陈毅元帅功不可没。

　　1901 年 8 月 26 日，陈毅出生于四川省乐至县一个农民家庭。"天府之国"自古围棋名家辈出，有着浓厚的围棋氛围。陈毅从小就迷上围棋，然而家道中落，连年战乱，打破了陈毅的"围棋梦"。为了生存，他赴法国勤工俭学，为了真理，他投身革命。在战火纷飞的年代，陈毅常在戎马倥偬之际与人对弈。他运用军事实践经验，根据围棋特点及规律，精心研究，棋艺不断提高。同时，又运用围棋的一系列理论（如大局观念、布局战术、弃子思想、收官技巧等）用于军事实践中，取得一个又一个胜利，成为中外闻名的"儒将"。

　　早在中华人民共和国成立之初，陈毅就非常关心中国的围棋事业。著名围棋手刘棣怀、顾水如、陈祖德、聂卫平等都受到陈毅的直接关怀和帮助。他说："下棋是个很好的文化体育活动。下棋有益于人们的身心健康，对促进国家间的友谊有意义。"
陈毅曾多次向国家领导人和围棋界人士表达了围棋
要赶超日本的愿望。为了促进中国围棋事业发展，
陈毅于1960年5月底邀请日本围棋代表团访华。日
本围棋代表团于6月3日到达北京。6月5日，陈毅
副总理接见了代表团成员。20世纪60年代初，中
日尚未恢复邦交，围棋成了中日外交的先行者。

　　1962年11月，中国围棋协会成立，陈毅被推
选为名誉主席。

　　1963年日本棋院和日本关西棋院共同赠送陈毅
元帅名誉七段段位称号。1972年1月6日，陈毅元
帅逝世。1973年4月24日，日本棋院宣布追赠陈毅
副总理名誉八段称号，并以日中两国联合声明发表
的日期，作为"名誉八段"证书的填发日期，以纪
念陈毅在中日两国邦交正常化上做出的贡献。这表
现出日本围棋界对这位中国领导人浓浓的敬意。

　　随着中日围棋交往日渐频繁，一次，陈毅同志
得到日本围棋队赠送的一副围棋子。这种棋的白子
是用很厚的贝壳磨制的，非常漂亮。交谈中得知，
云南生产的"永子"才是棋子之冠。陈毅同志十分

高兴，决心要振兴这一古老的传统工艺珍品。

此后，陈毅每到昆明，都要问及"永子"一事。

1961 年夏，陈毅副总理出国访问，途经昆明时对云南围棋子的恢复生产专门做了调查了解，请时任中共云南省委第一书记阎红彦、省长于一川共进晚餐，时任轻工厅厅长林亮（云南围棋协会主席）等人作陪。席间陈毅副总理说："'永子'过去曾是向皇帝进贡的珍品，闻名中外，现在不但不能生产，连制造'永子'的技术也有失传的可能……我想当前应立即设法寻找有关"永子"资料，多方发掘有这项技术的人才，赶快恢复生产。"（摘自官渡区文化馆省级非遗申报书）之后省政协一位同志介绍有一姓解的人家曾四代烧制围棋子。陈毅很兴奋，嘱咐有关部门落实此事。一年后，解家一后代女子几经周折，终于烧出一副棋子带往北京。但此围棋子一摔即碎，质量太差。后来了解到，原来是解家造棋秘方早已失传，且不传本家姑娘。但陈毅仍叫云南的同志重视此事，并说："许多古老的艺术都出自民间，在民众中会有流传，要到各处走走，多了解了解，我就不信云南会没有人能烧出围棋子来，传统的工艺一定要恢复。"他还在不同的场合一再叮嘱："云南的围棋子在历史上很有名，要努力发掘制造出来，不要失传了。"

说来也巧，20世纪60年代陈毅作为外交部部长多次到东南亚国家访问，途经昆明在逗留期间，还经常找当地老干部下棋。其中有史怀璧（云南省原副省长）、林亮（云南省原经委副主席、原轻工业厅厅长）、程永和（云南省政法学院原院长）等。在一次对弈之余，他对林亮说："云南的围棋子很有名气，但围棋活动滞后，与'永子'之乡很不相称。"他要求林亮同志带头抓云南的围棋事业。林亮同志向陈老总汇报说，由于长期无人过问此事，颇具美名的"永子"工艺已快失传。但他了解到年过古稀的陈西伯老先生还掌握此生产技术。林亮同志遂将他了解到的情况详细告知陈毅副总理。陈毅知道此事后十分兴奋，请史怀璧、林亮等转达他的口信，动员陈西伯老人"重操旧业"。

对于云南乃至中国来说，陈西伯的出现，意味着"云子"将重现辉煌，只是当时没有人意识到这是一个重要的时间节点。

1964年11月，陈毅副总理促成由国家体委副主任李政洛带队，陈祖德、王汝南、姜国震、竺沅芷等国手到云南指导培训棋手，培养少年儿童。为落实陈毅副总理的指示，李政洛与云南省体委领导一道，约见陈西伯，邀请他出山试制围棋子。

据陈西伯亲自写的材料记述，当时他因心脏病住院后在家休养，他从李政洛副主任处得知陈毅副总理亲自关心过问"永子"恢复情况，深受感动，而且他一直有制作围棋子的夙愿，此前他生病住院五十余日，经医护人员精心治疗护理，使危在旦夕的他得以痊愈，他深感社会主义大家庭的温暖，无以为报，虽然身体欠佳，仍欣然答应"出山"，表示愿在有生之年运用自己的化学知识和冶炼技能，把"永子"工艺重新恢复研制出来。他向学校提出退休申请，以便全力以赴恢复围棋子生产。陈毅副总理知道后十分高兴，指示恢复试制围棋子之事由原省轻工厅厅长林亮主持，并负责解决原材料。史怀璧原副省长当即批准拨款三千元给云南省体委，要求云南省体委在资金、人力、场地、设备等方面提供方便。

昆明工业学校校长孙仲宇知道陈西伯要退休去烧制围棋子后说："您家儿女多，生活负担重，退休后收入减少。恢复试制'云子'也是国家的一项重要工作，您不需要办理退休，平时去那边工作，周五下午回来参加政治学习，这样可以兼顾工作和您的家庭。"这时陈西伯距十五年工龄仅差两个月，如果他提前退休，退休费会减少很多，但他还是婉拒了孙仲宇校长的好意，办理了退休手续，义无反顾地全身心投入恢复"云子"的工作，把试制"云子"作为余生要竭尽全力做的一件大事。

中国历史上有太多类似的事情，有太多类似的人物：做一件大事不给自己留后路，否则会瞻前顾后；做事不能心有旁骛、患得患失，否则会功败垂成。陈氏家族几百年来的优良家风，在这一件事情上再一次得到验证与彰显。

此时陈西伯已七十岁，为了不辜负陈毅副总理的重托，全然不顾年老体弱，四处奔走购买寻找原料，添置设备。由于长期未生产，棋子的原料、生产条件等因素都发生了变化。陈西伯非常慎重，所有工艺都从头试验。烧制的样品不仅请省里有关部门检验，还几次送到北京请陈毅过目。陈毅一直关心围棋子的生产进展情况，多次电话询问，曾请艾思奇的女儿到昆明代为看望和慰问陈西伯。

在各级领导的全力支持下，棋子生产"逢山开路、遇水搭桥"。云南省体委在体育馆腾出跳伞塔旁边的两间土坯平房共二十余平方米作为试制场地。

当时一切都是白手起家。陈西伯从自己家中搬来大石臼、瓷头长柄勺等工具，原办厂留存的粗氧化铜、三氧化锑等原料约四十公斤，又四处购买坩埚、耐火砖、鼓风机等材料器具，并在昆明周边跋山涉水寻找物色其他矿石原料。由于忙不过来，放寒假又把小儿子陈天奇（时年十二岁，读小学五年级）叫来，舂原料、敲焦炭、打磨棋子。

陈西伯外孙郝性中曾去云南省体委体育场现场看外公烧制"云子"。陈西伯制作"云子"的工艺过程是：将各种原材料放入坩埚，坩埚置于封闭的窑炉中，通过色镜观察火色，待原料经高温熔化，当火色达到需要的程度后，用瓷头长柄勺从烧红的坩埚中舀出熔化原料，在碳晶板（一种耐火材料制成）上倒出一颗颗棋子，待慢慢冷却打磨后，用卡尺分出大小后装盒。

"滴子"这一关键技术是陈西伯传承下来的工艺，至今仍在沿用，只是由舀滴改为蘸滴。蘸滴实际上沿袭了舀滴的工艺过程，这两种方法并无本质的区别。

据陈西伯家人回忆，当年生产围棋子全凭手工制作，十分辛苦。熔化的原料由于溶液具有一定黏稠度，成品的大小全凭掌勺人把握瓷勺在溶液中停留时间的长短及蘸取原料的多少来决定，这一关键技术需要相当时间的摸索和经验积累……

陈西伯曾不止一次感叹地对亲戚朋友说："手工作业生产围棋子太慢太费力，产量低，价格高，不利于我们国家围棋的普及和发展，如果能机械化生产就好了！"

经过半年多紧张而艰苦的努力，一颗颗棋子终于烧制出来。其白子洁白似玉，黑子看上去黑而不刺眼。对着光亮的地方，白子透出浅浅的绿色，黑子则有的透碧，有的透蓝，放到平面桌上，又是莹黑一片，如同宝石一般妙不可言。每颗棋子看上去沉重扁圆，古朴浑厚，色泽均匀，舒适养眼。将其落地铿然有声，不碎不裂。执于指间冬不觉透凉，夏不觉湿热。寄到北京，经检验其质量较老"永子"有过之而无不及。

时至今日，我们虽然无法完全还原那段试制、制作的历史，但是我们可以想象五十多年前，在昆明的某个老街陋巷中，一个既有"老绅士"气息，又有新中国印记的古稀老人，宵衣旰食地通过围棋子来展示着自己的家国情怀。

五、"云子"问世 陈毅宴请

1965年，陈西伯经云南省体委将试制成功的围棋子送到国家体委检验，时任国家体委副主任的李梦华亲自复函陈西伯："经国家体委鉴定，试制生产的云南围棋子质量超过'永子'。"同年，国家正式命名陈西伯研制成功的棋子为"云子"。

"云子"研制出来后，产量较少，曾送给陈毅多副。陈毅大为惊喜。在他陪同刘少奇主席访问东南亚时，曾将其作为国礼送给印度尼西亚总统苏加诺、缅甸总理奈温、柬埔寨国家元首西哈努克各一副，还送给了驻外使馆的同志，此外还送过国内有关领导人。

1965年初冬的一天下午，陈西伯正忙于烧制围棋子，一辆小轿车开到云南省体育馆，车中走出一位干部，他找到陈西伯说道，陈毅元帅要宴请他老人家。陈西伯听了又惊又喜，立即换下工作服上车。车子把陈西伯接到东风广场检阅台旁的震庄宾馆，几位省市党政领导同志已在两旁迎接。当陈西伯激动又紧张地走进宾馆客厅时，伴随着一阵爽朗的笑声，陈毅副总理迎了出来，亲切地问候："啊，你来了，你好啊，陈老先生！"随即健步走到陈西伯的跟前，紧紧握住他的双手，深情地说道："感谢你使'永子'失而复得，感谢你使'永子'再生，你辛苦啰！"陈西伯激动异常，双眼闪出泪花，回答道："全是您的关怀呐，要不是您的扶持，我真不知道'云子'何时才能问世。""陈老先生，你恢复了祖国的一项传统工艺，我代表人民感谢你，今天请你来一起吃顿晚饭。这是我的一点心意，借以表达对你的感激和问候。"

陈毅副总理安排陈西伯坐在他旁边，详细询问陈西伯的年龄、家庭成员、生活情况以及"云子"的制作工艺等。陈西伯开始有些拘束，但陈毅同志平易近人的作风和爽朗的性格让他很快像熟人一样不拘束了。他对陈毅提出的问题一一作答，并简要地介绍了"云子"的配方和密传工艺等。陈毅同志听了很感兴趣，并赞扬道："'云子'既是棋子，又是工艺品，它是中国传统文化的结晶，是中国人的骄傲。"他还说："我这个人是搞外交的，但有一项副业，就是把中国的围棋事业搞上去。陈老先生为恢复'云子'做出了贡献，希望能进一步组织批量生产。工作中有什么困难，可以找林亮同志。"林亮当即表示："如果我解决不了，还可以找史怀璧副省长。"陈西伯十分激动，说不出更多的话，只有频频点头。

吃饭时，陈毅亲自为他斟酒夹菜，老人百感交集，拿筷子的手不禁微微颤动。原昆明军区司令陈康、云南省原副省长史怀璧、云南省原轻工厅厅长林亮等领导同志作陪。宴席并非大鱼大肉，多是青蚕豆、北风菌、鸡纵之类的时鲜菜蔬，但气氛非常融洽。陈毅副总理嘱咐陈西伯要把技术传给下一代接班人。陈西伯深感党和陈毅副总理的厚恩，表示要接受领导指示，愿意把所有的技术贡献给国家。要打破洋框框，进一步做科学试验，制作出更优良的棋子来为国争光。

饭后，陈毅副总理起身将陈西伯送到门口，说："本打算留你下盘棋，但看你今天衣服单薄，手有点凉，年纪大的人着凉不好，以后再下吧，保重！保重！"随后陈毅同志亲自送陈西伯上车回家……

每当提起这段经历，陈西伯总是眉飞色舞，把它看作一生中最大的荣耀而兴奋不已。他"深感党和陈副总理之厚恩，急将所有技术贡献出来，现已教会学徒两人，并接受上级指示，打破洋框框，进一步做科学实验，务期制出更为优良之棋子来为党争光"（陈西伯语）。同时他浑身增添了一种无形的力量，增强了扩大"云子"生产的责任感和使命感。同时我们也应该知道：国宝"云子"日后声誉渐隆，陈西伯作为缔造者可谓厥功至伟，因此官方与民间对他那份尊敬变得容易理解。

由于云南省体委主管体育运动，不宜组织生产，陈毅副总理宴请陈西伯之后，"云子"生产由林亮同志主管的手工业管理局接手负责，"云子"也开始小批量生产。

就在陈西伯积极寻找原材料、更努力地生产围棋子这段时间，他的外孙李啟真有一天在公共汽车上见到他。李啟真回忆道："我1965年末由东川回昆明探亲，第二天乘公交车到安宁看望在农村当知青的弟弟啟美，路过西郊眠山附近时，看到外公一个人在公路边匆匆前行，当时也无法打招呼。几天后我去看望他，问外公到眠山干什么，外公说准备到附近山上找钠长石矿石。接着他十分激动地说起受到陈毅元帅在震庄宴请的事，他兴奋地说：'想不到我竟然坐在陈毅副总理旁边，还和那么多领导同坐一桌，真是有些不好意思……'"

眠山脚下匆匆而行，这是一个极具画面感的场景。我们甚至可以想象得到有无数个与"云子"相关的类似场景，在那段渐渐没入烟尘的历史中一次又一次地出现，即使如多才多艺的陈西伯，没有坚韧与持之以恒的精神，没有筚路蓝缕的躬耕意志，也最终难成"云子"大业。

李啟真回忆：说到烧制围棋子，外公话不绝口。他说，烧围棋需要多种矿料，如果选料或搭配不当，火候掌握不好，烧出的棋子会出现色泽不匀，或易裂易碎。特别是观察火色十分重要，但很难掌握，所以要切实把好原料关，调配好各种原料的剂量，要反复试验才能定下来。坩埚要用昆明小板桥那一家专门制作的，烧制要掌握好火候，舀滴很讲究技巧，时间和量都要做到心中有数，棋子才能均匀一致。外公还说，古人对弈十分考究，对棋子的要求很高。棋子形状扁圆，执在手上要有一定分量。因为古人衣袖宽大，棋子太轻对弈时会被衣袖带动。此外棋子要打磨成亚光，避免光照下会反光刺眼，时间长了甚至黑白混淆……外公最后说，你爸爸和两个弟弟都爱下围棋，过几天我送你家一副。

不久之后，我父亲李良广就收到了这份珍贵的礼物。

听了外公的介绍，我们才知道小小一枚围棋子，竟深含着这么多的知识和学问，不知要经过多少代人的艰辛努力，才留下这份珍贵的非物质文化遗产。

后来，云南省手工业管理局与云南省体委协商，调来云南省体工队退役的足球运动员周金和，又从宣威溶剂厂调来技术员容的秀（女，印尼归侨）做徒弟，并配了会计小潘（女，广东人）。生产场地由体育馆跳伞塔旁搬到射击场附近的红砖房，面积扩大到五六十平方米。做棋子需要的原材料，当时是计划控制物资，陈西伯找到林亮，林亮立即责成有关部门解决了五百公斤铅及其他原料。为解决棋子包装问题，有关部门从滇南引进陆良芳华镇的草蒲箩，以后一直沿用至今。

在各有关领导和部门的支持下，陈西伯的两个徒弟也逐步掌握了"云子"的原料配方及工艺流程，积累了一定的生产经验，"云子"的小批量生产得以顺利进行。后来，他的两个徒弟日久生情，还结成夫妻，这也是"云子"生产中的一段佳话。

1966年"文化大革命"开始，"云子"生产难逃厄运。围棋作坊生产被迫停止，黑白围棋子被抛洒散落。陈西伯看着四处散落的"云子"十分心疼，不顾年高体弱，一颗颗捡拾包装成盒，交给手工业管理局。"文化大革命"后，他的徒弟夫妇也出国去了。

六、耄耋之年 再次受命

陈毅副总理1972年逝世，周恩来总理仍未忘记围棋事业。1974年，国家体委得知陈西伯还健在，随即派专人到昆明，与云南省体委副主任乔庄到武成路正阳巷陈西伯家中，请陈西伯再次"出山"，指导"云子"恢复生产。国家体委的同志说："云子"是国宝，一定要恢复传承下去。陈西伯这些年一直为"云子"生产中断感到遗憾，闻之欣然应允。

时年，陈西伯已经八十高龄。耄耋之年，连含饴弄孙之年都已经过了，应当颐养天年的年龄，"欣然应允"一词看似轻描淡写，对于一个一生历经波折的老人来说，这种意气风发从何而来？答案就在以上文章中：是祖训的熏陶，更是一代代家国情怀的耳濡目染。与生俱来的使命感，让此时的陈西伯义不容辞。

1974年，刚从干校回北京的陈祖德奉周总理之命专程来到云南，向云南省体委转达恢复"云子"生产的意向。昆明十二中学英语教师、围棋裁判李家浩在参加成都全国围棋比赛工作时得知云南要恢复试制"云子"的消息后，由其牵线努力，由昆十二中校办工厂承接了研制"云子"的任务，组织以陈西伯、王启宇、刘振邦、罗桂元为主的科研小组。陈西伯将自己研创的"云子"配方和生产工艺全部贡献出来，交给昆十二中校办工厂并指导生产。昆十二中校办工厂还为他安排了宿舍和办公室。陈西伯不顾年老体衰，亲自规划生产，带着王启宇老师等人四处购买原材料，寻找相关的风化石、工具，指导砌炉灶，讲解工艺流程，为"云子"的传承做出了无私的奉献。

但是陈西伯老人终究年事已高，步履蹒跚，身体日渐虚弱，不再适应如此繁重的动脑又动手的工作，几个月后，以身体欠佳，不能胜任工作为由请辞回家，不再到昆十二中校办工厂上班。为此，他给国家体委负责人写信告知此事。他还对儿子陈天震说："配方、工艺都传授给他们了，能不能扩大生产，就看他们的了。"

此后，陈西伯身体大不如前。一次病重，他把长女陈天被叫到家中，说有三件事要交代。后来他自己服用独参汤后转危为安，又不提此事了。家人猜想三件事中肯定有一件是关于围棋制作的工艺。

1981年7月初的一天，昆明市政府有关部门人员到陈西伯家中访问，请陈西伯撰写一篇20世纪20年代末大观楼修葺建造的有关文史资料。为此，陈西伯独自一人从小西门家中步行到大观楼看他五十余年前参与设计、监工建造的假石山彩云崖等景观，回来后兴奋地对妻子说了许多话。由于来回均步行，劳累及兴奋过度引发左脑脑梗，昏迷再未醒来，约五天都在昏迷中度过，于7月13日凌晨去世，享年八十八岁。

"风尘天外飞沙，日月窗间过马"，一代名流溘然辞世。

陈西伯遗体火化后，火化时他穿着的衣服上他自己烧制的纽扣遗留在骨灰中，经高温后纽扣仍然保持晶莹发亮、完整无缺。他的女儿陈天被、陈天佑、陈天易、陈天锡、陈琦各留一颗人工宝石纽扣作为纪念。陈西伯女儿陈天静家中还保留着父亲留给她的"云子"和宝石纽扣，可以看出陈西伯20世纪30年代制作的宝石纽扣与1965年制作的黑白"云子"的光泽度和质地是一样的。

"咸来意气不论功，魂梦忽惊征马中"。陈西伯身后之事，曾有一些人出于私利发出不同声音，但是历史最终给出了公正的答案：云南围棋子国家级非遗申报书中写道："1965年陈西伯成功恢复试制'云子'成功，进行了小批量生产。"即为最好的例证。

陈西伯生前曾言："葬宜从简，天下还有许多人无屋无衣，可将衣物捐出。"遵其意，与十年后去世的妻子叶惠英骨灰同葬西山林中，回归自然，不立墓碑。

参考文献

[1]杨正光.陈毅同志与"云子"[N].春城晚报,1981-09-22
    (4).

[2]李啟美.一副围棋子引出的佳话[J].老同志之友,1990
    (10).

[3]周维文.林亮的遗嘱[N].云南日报,1994-06-18(周末
    版).

[4]林扬.陈毅与"云子",围棋天地[J].1994(10).

[5]陈建群."云子"源流小识,围棋天地[J].1999(6).

[6]妙玉."云子"重生记,云南围棋史话[J].2009(6).

[7]刘卿,马海龙.火中取宝 续写"云子"今生传承[N].昆
    明日报.

[8]凝溪,周林书.云南围棋史话[J].云南美术出版社,1996.

[9]孟繁勇,金建辉.滇之韵 非遗在古镇,世界文化遗产
    [J].2015(10).

附　录

　　为方便读者更好地了解陈西伯研制"云子"的艰辛历程和陈毅副总理接见陈西伯的历史事实，笔者从众多参考文献中选出四篇原文及陈西伯生平简介收入附录。附录文章中，由于作者素材来源或写作风格不同，对同一事情的描述存在细节上的差异，这里不再一一指出。

附录一

现代"云子"创始人陈西伯生平

陈西伯，1894年5月14日生于昆明，原籍江西，名陈庚，字西伯，以字行。他聪明勤学，多才多艺，是化工学家、园艺家、集邮家、云南"云子"创始人。

其祖父陈时化（字瀛波），江西临川人，祖上为烧窑制瓷世家。七岁丧父，十五岁到安徽姑孰学习制笔业成。清咸丰年间（1851—1861年）携眷由江西临川来昆明，以制笔技业为生。

其父陈岜和（字竹潭），陈时化次子，1865年2月生于昆明。一度承袭父制笔技业。1901年以泸西县户籍考取举人，后官费留学日本，习于日本宏文师范、电气专门学校。归而教于乡，历任云南师范传习所、云南府中学堂、云南女子师范学堂数理化教员、豫章学校校长、云南盐运使署科长。自幼聪敏异常，善于接受新鲜事物，反对封建思想。

从日本带回各种工业仪器，回滇后提倡实业救国，对工艺钻研甚力，曾试烧玻璃，研创电池、手摇织布机。曾办砖瓦厂，秉承老家江西烧窑工艺开办陶瓷厂，家中留有无数窑胚。

陈西伯1911年毕业于云南高等学堂，属清末受过现代教育的一代。

1912年随父学窑业，研制出黑发针，研创出人工宝石纽扣，曾一度代理云南造币厂化验司事，在云南陆军医院速成学校习医，后即任振襄药房药剂师。

1920年考入云南省邮务管理局任邮务生。

1922年制造宝石纽扣出售。

1925年到云南卷烟特捐局任稽查员。

1927年参加中共外围组织。其三妹巨秋时为昆明市中共地下组织市委书记，四一二反革命政变被国民党政府逮捕入狱，陈西伯为避难东渡日本到四妹陈玉珂（在日习医）处，考入日本长崎药学专门学校学医。

1928年任昆明市政府工务科员，因擅长园艺，在当时昆明市市长庾晋侯（恩旸）倡导下，负责设计修建大观公园彩云崖、三潭印月，并负责大观公园、翠湖公园的绿化管理工作。后因不愿参加国民党退职。

1931年任"慎昌公"店员。

1932年试制安全火柴成功（当时昆明只有黄磷火柴），被聘为民声火柴公司总工程师。

1934年到南京妇女医院任助理医师。回昆后靠培植花木、出售车线、烧制宝石纽扣等为生。其在原丁字坡老宅种植的茶花开百朵以上，缅桂花香溢庭院之外。

1939年创建华南邮票社，同年加入我国最早的邮票协会组织——上海新光邮票会，和国际邮票组织——纽西兰万国邮票社、英国斯科特邮票公司有业务往来，与世界各国交换邮票出售。

1946年参与发起成立新光邮票会昆明分会（为云南早期集邮协会），任理事，负责集邮协会对外联络，与美国等国家和我国上海、香港等地区集邮组织有联系，是云南知名的老集邮家之一。

1949年参加昆明市三区街道工作，被选为该区民事调解委员、人民代表大会特邀代表。

1951年考入云南省工业厅，任云南省工业厅轻工处技术科化工四级技术员。1953年在昆明工业学校（后并入云南工学院）先后做档案管理、化学药品及精密仪器管理、实验室指导、办公室工作。

1964年退休。

1965年，他研创成功"云子"，使这一国之瑰宝重放异彩。

1981年7月12日（农历辛酉年六月十一日）卒，享年八十八岁。

陈西伯手迹

1911年 卒业于前云南昌手工矿学堂（当时称学校亦学堂毕业亲毕业）

1912 学毕业 里手记了会制玩黑髮针（不足发夫）盖创制人之宗石钮扣（料货）
面货

1912~1919均今刻

1920-1922间奉入省立云南邮务管理局 邮务生后因病辞去

1922-1927仍不断制造钮扣玩具

19□□爹参加共产党斗围组但（当时仍用国民党名堂）曾任四区□部推行委立
和四区党部监当 同年反动政波府建□或□他们的国民党和□□□□
义门社生的□国民党 另左围通寺成立他们的围民党 盖西伯苦抗
我们这一围民党（党地左副临政学拍）着共匪勃令解散并捕了几个
领导但我们仍坚持地下工作但反动政府仍不甘心抢名搜捕 有令志
侨区侨导（当时紧给报导不易云围）指示叫我们暂避 我才跑到香港
但因生活无着又□到 日本我妹妹（陈玉琴处（此尔当时长崎她爱人去四年亲回生）

1928 后因家里生活元着常中来依冗自反动政府镇压了起琴仙会志 后事已
和续第了生活又別曾无□回总崎 仍棕旧业 恒銷钟路界扬 报血由魏友
介绍入侨市政府工務局兽料务后围

1931 因侨市政府盖全□有职无必须徐入国民党 我固不肯入侨国民党 遂被迫
择面支領感公尝库员

1932同试制安全火柴成功（当时是以3号黄磷火柴）及由民声火柴公聘有限公司
制造安全火柴之工程师

1934因合同届满之教成功又被辞去

1935做小商级罗车做钮扣等

1939-1949 去香培雄苑木正在开由美国邮票社交换一些邮票开一邮票社
营卖邮票以维持生活

1949 昆明解放参军 ... 市三区街道工作 1950

1950 被选任该区民事调解委员会主任 出版社任付主任

1951 被选为第三区各界人民代表大会特邀代表

1951 统一招考被录 前 ... 云南省人民政府 工业厅录取为该
厅轻工业 技术科技术员

1952 被评为化工四级技术员

1953 调恩旺工业厅任该校 ... 管捂后调化工科任化学药品 贵重
密仪器保管员 和实验室指导

1953至1960 仍没在云南省 ... 工业厅核切任此职

1961 回校切偎后调小 ... 企业收益贵

1964 因病休养后因云南传品 ... 制围棋子因两处相距过远工作不便及申请
退休以便有充分时间举搞好这一工作 ... 批准自1964年 12月退休

1964-1965 试制围棋子成功度量枝上前 云南省各名老水子有巡西南只及 ... 留下
... 有保存教程了继 后因工业机构关系又划归云南省手工业管理局管理

1965-1967 仍任新能但因子任务加 ... 革命运动工修停顿

1968 仍未能恢复开工

（三）青年时期

——1916

我自出学校即于1912年随父兄办砥石厂及陶瓷厂中间受一届间代理
云南造币厂⋯试验司事⋯各种陶器
土坯并烧掌上釉⋯等技术并赞研为小工业做里头影针⋯

1920年又考入云南邮务⋯局任邮务生，1922年辞生⋯
⋯

我爱父教读书爱科学特别赞研化学⋯
针⋯三角⋯研究⋯国产⋯
针⋯价廉⋯货车⋯针更课自用⋯非常感困难⋯
⋯但之青年釉料试验多次均无效⋯研究⋯成功毫
⋯又从新播读一再研究始知⋯
而⋯起来⋯我始知理论和实践完全大有不同⋯中国工业⋯
⋯理论和技术结合相结合⋯物二者缺一不可⋯感⋯科学⋯
⋯对生活里不感问题

⋯我努力⋯进步党团

1927年因我的手工业⋯需不多同时⋯经我⋯到⋯云南⋯
⋯局任稽查⋯薪水不多党⋯多父教自私不肯之⋯因此生活很感困难进步
⋯我妹⋯在女中任教⋯由⋯和我妹⋯介绍入⋯国民党当时
⋯国民党⋯进步党的外围组织入⋯未成年⋯国我⋯
党⋯诚恳积极努力于改组扩大⋯被选为⋯平⋯

第4页

委1951年被选任昆明市第三区第一届各界人民代表大会代表并任代表同年统一招考被录

叙任云南省人民政府工业厅轻工业处技术科技术员1952年被评为化工四级技术员

1953年调云南省工业学校任化学药品保管员和精密器皿保管兼化学实验并兼后又

任更名后云南省昆明机械工业学校又改为工业学校任职至此京1960年调办公仍为员

兼美化作化校园指导1964年因病休养适连回家回想几年来党对党组织制回想在

由专政治主任带他去联系他因患严重心脏病住院500余医药人员精心医治始始

藻江使他危在旦夕转停病愈更使医师护士对他的关怀之热情回列使他感到社会

致大家庭之温暖幸福只有在党的领导下才能享受故的幸福故党有天上也有了别因此

化万为感动坚决表示一定要特别一工仍稿报可学大的有我申请退休以使能复工向

特批任方实成1965年样品制立寄到北京经检验收并接立到云南云产主有各表示成了宝

有这三兄不及遂同此深原付影现嘉许寸未总让速已夫忽之益等隔立特技承传

给下一代技术他深深和深付恭迎道思故意特所有技术贡献出来以己献给三人

并转告上级指示打破评框框更一步作料了实践劳期制更依官立想本末危成重成

附录二

陈 毅 与 "云子"

林扬

下围棋的人,都希望有一副好棋子。在外行看来,围棋子不过是黑白两色的"无眼纽扣",制造起来容易得很。其实,一副好的棋子,要具备许多特性,才能满足棋手的需要。一方面,棋子必须颜色对比鲜明,纯正悦目;另一方面,又不能耀眼,以免造成对弈者眼睛疲劳。一方面,棋子要薄,便于棋手两指拈起;另一方面,又要求棋子有一定重量,放在棋盘上稳稳当当,同时还要坚固耐摔。如果棋手冥思苦想,好不容易悟出一手好棋,兴奋地拍子落盘,棋子却应手而碎,其扫兴程度,可想而知。夏日对杆,希望棋子手感原凉,犹如"冷玉";冬季对雪手感,又要求棋子导热性差,以免十指冰凉。从古到今,人们用木、石、陶瓷、玻璃、金属、塑料等许多种材料制作过围棋,但都难以兼顾这些在制作工艺上相互矛盾的要求。至于用金银、玉石、玛瑙等材料制作的棋子,可以说是贵重的工艺品,却并非是一副适用的好棋子。云南围棋(简称"云子")以其独特的制作工艺和良好的性能,基本上满足了围棋爱好者的各项要求,的确是比较理想的棋具。当前国内许多珍贵大比赛,用的都是云子。云子也曾作为珍贵的礼物馈送给国宾——英国的伊丽莎白女王。现在,全国各大城市都有云子出售,读者是否知道,在几十年前,云子的生产已几乎停止,其生产工艺也濒临失传,是陈毅同志促使云子产在绝境中复生。陈毅同志使云子产在绝境中复生。

云子究竟产生于何时,难以考证,但明清时期,已在全国享有盛誉是有历史记载的。云子以永昌(今保山地区)出产的为最好,故也

称"永子"。但由于种种原因,建国前后,云子的生产已经衰落。六十年代初,我开始学围棋之时,昆明街上已难以买到云子。棋手对弈多是使用玻璃棋子。当时的玻璃棋子,象十尖顶慢实,底边和棋盘扣得很紧,不容易拿起;反光性强,满盘熠熠生辉,十分刺眼。所见到的云子,多是棋手们珍藏下来的旧物,百般珍惜,记得设于胜利堂的省围棋协会有几副云子,管棋的钱定群老先生仔细地将它们分成300子一副,为的是多有几个人能下到云子。

当时陈毅同志任国务院副总理兼外交部长,出国往返常取道昆明,并往往停留几天,百忙之余,免不了邀几个人棋友,概杆淡兵,经常和他对弈的,有史怀璧(当时任云南省副省长)、我父亲林苑(当时任轻工厂厂长)、程永和(当时任省政法学院院长)等人。作为棋友,陈老总潇洒风趣,毫无架子,所以到了忘情之处时,也有一些趣事。一次与史怀璧同志对弈,斗到酣畅,突然发生争执,一个悔棋,一个执意不让。时逢秦基伟同志在旁,插了一句:"史怀璧同志,就一步棋嘛,还那么斤斤计较?"陈总闻言,拍杆大笑道:"秦基伟同志,你不知道,下棋人就是这个样子!"其平易近人,可见一斑。当然,陈总下棋,不仅是竖娱乐,也不忘推动云南围棋事业的发展。他一手促成陈祖德、王汝南、妻国震、竺元芝等棋手访问云南,指导棋子,培训少年儿童,对云南的围棋事业发展起了极大的推动作用。在此之前,云南的青少年棋手屈指可数,经过这次推动,出现了一批青少年围棋爱好者,以后云南业余围棋的领头人物许鸿林、张志成、张忠琪等人,都是在这一推动下成长起来的。这件事在陈祖德同志的《超越自我》中已有记述,此处不再赘述,还是固过头来讲云子的事。

1963年,日本棋院和关西棋院曾子陈毅同志各普七段号时,曾赠送他一批日本棋子,这种棋的白子是由很厚的贝壳制制的,非常漂亮,陈总将其转赠给各地的同志,云南得到3副。作为围棋发祥地的中国,没有象样的棋子,是十分遗憾的。陈毅同志多次询问云子生产的情况,

　　下棋的人都希望有一副好棋子。在外行看来，围棋子只不过黑白两色的"无眼纽扣"，制造起来容易得很。其实，一副好的棋子，要具备许多特性，才能满足棋手的需要。一方面，棋子必须颜色对比鲜明，纯正悦目；另一方面，又不能耀眼，以免造成对弈者眼睛疲劳。另外，棋子要薄，便于棋手两指拈起；还要求棋子有一定重量，放在棋盘上稳稳当当，同时要坚固经摔。如果棋手冥思苦想，好不容易悟出一手妙招，兴奋地拍子落盘，棋子却应手而碎，其扫兴程度，可想而知。夏日对枰，希望棋子手感凉爽，犹如"冷玉"；冬季对雪手谈，又要求棋子导热性差，以免十指冰凉。从古到今，人们用木、石、陶瓷、玻璃、金属、塑料等许多种材料制作过围棋，但都难以兼顾这些在制作工艺上相互矛盾的要求。至于用金银、玉石、玛瑙等材料制作的棋子，可以说是贵重的工艺品，却并非是一副适用的好棋子。云南围棋子（简称"云子"）以其独特的制作工艺和良好的性能，基本上满足了围棋爱好者的各项要求，的确是比较理想的棋具。当前国内许多重大比赛，用的都是"云子"；"云子"

也曾作为珍贵的礼物，送给国宾——英国的伊丽莎白女王。现在，全国各大城市都有"云子"出售，具有一定棋力的棋手大多都有一副"云子"。但广大读者是否知道，在几十年前，"云子"的生产已几乎停止，其生产工艺也濒临失传。是陈毅同志促使"云子"在绝境中重生，获得第二次青春。

"云子"究竟产生于何时，难以考证。但明清时期，已在全国享有盛誉是有历史记载的。"云子"以永昌（今保山地区）出产的为最好，故也称"永子"。但由于种种原因，新中国成立前后，"云子"的生产已经衰落。60年代初，我开始学围棋之时，昆明街上已难以买到"永子"。棋手对弈多是使用玻璃棋子。当时的玻璃棋子像个尖顶馒头，底边和棋盘扣得很紧，不容易拿起；反光性很强，满盘熠熠生辉，十分刺眼。所见到的"永子"，多是棋手们珍藏下来的旧物，百般珍惜。记得设于胜利堂的省围棋协会有几副"云子"，管棋的钱定群老先生仔细地将它们分成三百子一副，为的是多有几个人能下到"云子"。

当时陈毅同志任国务院副总理兼外交部部长，

出国往返常取道昆明，并往往停留几天。百忙之余，免不了邀几个棋友，楸枰谈兵。经常和他对弈的有史怀璧（时任云南省副省长）、我父亲林亮（时任轻工厅厅长）、程永和（时任省政法学院院长）等人。作为棋友，陈老总潇洒风趣，毫无架子。下到忘情之处时，也有一些趣事。一次与史怀璧同志对弈，斗到酣处，突然发生争执，一个要悔棋，一个执意不让。适逢秦基伟同志在旁，插了一句："史怀璧同志，就一步棋嘛，还那么斤斤计较？"陈总闻言，拍枰大笑道："秦基伟同志，你不知道，下棋人就是这个样子！"其平易近人，可见一斑。当然，陈总下棋，不仅限于娱乐，也不忘推动云南围棋事业的发展。他一手促成陈祖德、王汝南、姜国震、竺沅芷等棋手访问云南，指导棋手，培训少年儿童，对云南的围棋事业发展起到了极大的推动作用。在此之前，云南的青少年棋手屈指可数。经过这次推动，出现了一批青少年围棋爱好者，以后云南业余围棋的领头人物许鸿林、张志璞、张忠璞等人，都是在这一推动下成长起来的。这件事在陈祖德同志的《超越自我》中已有记述，此处不再赘述，还是回过头来讲"云子"的事。

1963年，日本棋院和关西棋院赠予陈毅同志名誉七段称号时，曾赠送他一批日本棋子。这种棋的白子是用很厚的贝壳磨制的，非常漂亮，陈总将其转赠给各地的同志，云南得到3副。作为围棋发祥地的中国，没有像样的棋子，是十分遗憾的。陈毅同志多次询问"云子"生产的情况，说："云子"有几百年的历史，不但是宝贵的民族文化遗产，还可以换取外汇，现在失传了。要查一查还有谁懂这门技术，尽快恢复生产。有关同志遵照陈副总理的指示，做了调查。

原来"云子"系用多种矿物质溶化滴凝，尔后用植物油打磨而成，不但配方、制作工艺有许多奥妙，听说哪种原料要来自哪个矿，也有讲究。长期以来，都是个体生产，各有诀窍，秘不传人。后来国衰棋衰，一些技艺渐渐失传，清末民初的产品，已大不如明朝清初。公有化后，不许私人生产，更加剧了"云子"的衰落。当时云南合法生产"云子"的，只有一家工艺美术厂，但已不得真传。其棋子无论黑白，都有弧形暗纹，棋子经常从暗纹处裂开。尤其讨厌的是黑子泛铅，下后两手乌黑，既有碍观瞻，又危害身体。据说还有一两位老太太私下售棋，或妻承夫业，或女承父业，不是正式师承，仅得于共同生活中的耳濡目染，略懂一二，产品终究不过关，"云子"生产技术实际已失真传。经多方了解，发现有一位老先生以前曾经做过"云子"，他的名字叫陈希（西）伯。

陈老先生1894年生于昆明，其时已年近古稀。他一生经历坎坷，曾从事过陶瓷、邮政、卷烟、建筑、火柴、花木等多种行业的工作，对化工特别钟情，一度靠做化学纽扣、人工宝石为生。由于当年东渡日本时，爱上了围棋，所以曾通过探索，把现代化学知识与古老的"永子"生产工艺结合起来，烧制围棋子贴补家计，并赠送亲友。新中国成立后在昆明工业学校工作。不能再私制售围棋，但棋友的"云子"缺失无处购买，他常烧制一些予以补上。有关部门曾多次动员他出来生产"云子"，都被他拒绝了。陈毅同志知道这个情况后，请史怀璧、林亮等同志转达他的口信，动员陈老先生出来。适逢陈老先生大病初愈，病中曾得到精心治疗和护理，深感是社会主义祖国给了自己第二次生命，正图为国报效，一听是陈老总召唤，立即答应"出山"。

"云子"的试制工作是从1964年开始的。由于零星制作毕竟不同于正式生产，再加上长期未生产，原料、生产条件等因素也起了变化。陈老先生非常慎重，一切工艺都从头试验。烧制的样品不仅交省里有关部门检验，还几次送到北京请陈毅同志过目。陈毅同志始终很关心"云子"的开发和生产，多次电话询问，并曾请艾思奇的女儿到昆明代为看望和慰问陈希（西）伯。在各方面的关心和支持下，试制工作进行得很顺利，陈毅同志对样品很满意，还带了一些出国，送给缅甸朋友和驻外使领馆的同志。

1965年的一天，陈毅同志邀请陈希（西）伯到震庄宾馆吃饭，一些省里的领导作陪。宴席并不丰盛，多是青蚕豆、北风菌之类的时鲜菜蔬，可气氛非常融洽。陈总对陈老说："我这个人是搞外交工作的，但是还有一项副业，就是把中国的围棋事业搞上去。'云子'是祖国的宝贵财富，陈老先生为恢复'云子'生产做出了贡献，希望进一步组织批量生产。工作中有什么困难，可以找林亮同志。"林亮当时在座，立即表示："如果我解决不了的问题，还可以找史怀璧副省长。"陈希（西）伯十分激动，说不出更多的话来，唯唯点头而已。

有陈毅副总理的支持，"云子"生产"逢山开路，遇水搭桥"。生产"云子"需要的铅，当时是计划控制物资，陈希（西）伯找到林亮，林给他解决了；需要垫底资金，林把报告交到史怀璧处，史批转有关部门，说明是陈副总理交办的事情，很快就批了五千元。为解决棋子包装问题，从滇南引进草蒲萝，以后就一直延续至今。省手管局、省体委给陈希（西）伯配了两个徒弟，地点选在东方体育场的东侧一排平房里，开始正式生产"云子"。当然，后来"云子"生产又经历了十年浩劫的冲击等不少曲折，其生产发展到今天的规模还得力于许多人的共同努力和探索、创新，但是，"云子"毕竟是从此开始生产，其基本配方和生产技术从此开始外传，"云子"生产正是以此为转折点，从衰亡走向兴盛，从源远走向流长。

　　岁月匆匆，陈毅副总理和陈希（西）伯先生都已仙逝，往事终究会被人淡忘，只有无数的"云子"，将以其无华玉质，默默无言地向陈毅同志，向一切为恢复和发展"云子"生产做出过贡献的逝者，献上永久的奠念。

（原载《围棋天地》1994年第10期）

附录三

陈毅同志与"云子"

杨正光

玲珑精巧、黑白相间的云南围棋子，颇受围棋爱好者的喜爱。近年来，随着国际交往的增多，它驰名中外，大放异彩，被人们亲切地誉为"高原上的明珠"。然而，你可知道，这小小的"云子"中，凝结着陈毅同志的心血。

云南围棋子即人们通称的"云子"，最初产于云南永昌（即今保山），当初叫"永子"。乾隆嘉庆年间，围棋盛行，"永子"应运而生。当时人们采用多种名贵原料、化学原料研粉烧炼。"永子"色泽柔和，圆润扁平，棋沉质硬，年产甚少。除进贡皇帝外，余下不多几副仅供高僧雅士珍弈。后"永子"被僧侣、侨商携往国外，公认为珍品，故有"'永子'甲天下"之美称。

新中国成立前，战祸连年，"永子"生产日益萧条，加之"永子"秘方概不外泄，工艺早已失传。

新中国成立后，中日围棋交往日益频繁。一次，陈毅同志得到了日本围棋队赠给的一副围棋子，并了解到云南的"永子"乃棋子之冠。喜爱围棋的陈毅同志高兴极了，决心振兴这古老的传统工艺珍品。

1964年，陈毅同志到昆明时，曾问及"永子"

一事，省政协一位同志介绍说"有一家姓解的家藏'永子'秘方，四代制棋"。陈毅同志听了很高兴，嘱托一定要恢复围棋生产。一年后，姓解的一位后代几经周折，才烧出一副棋子带往北京。可惜她烧制的棋子质量太差，陈毅同志看后随手拿了一颗，试着往桌上一扣，"叭"的一声，棋子碎了，还几乎划破了手。第二颗轻抛在地，也碎了。原来姓解的秘方不传本家姑娘！

后来，陈毅同志再次来到云南，又问起围棋子生产的事，并说："许多古老的艺术出自民间，在民众中会有流传，要到各处走走，多了解了解。我就不信云南会没人能烧出好围棋子来。传统的工艺一定要恢复！"

说来也巧，正当多方打听制棋艺人时，昆明城内一位名叫陈西伯的老人有幸被介绍给陈毅同志。这位陈老先生自幼酷爱围棋，因他擅长烧制五彩缤纷的工艺品"宝石"和化学纽扣，所以如有棋子丢失，他能烧了补上。有时他也把自己烧制的棋子赠亲送友，家中还珍藏着其先父遗留下来的名贵"永子"。陈毅同志亲切地把试制"永子"的任务托付给了陈西伯，同时委托省体委协助老人把棋子烧制出来。

　　当时，陈老先生已退休养病。陈毅同志情深义重的托付使他犹如枯木逢春。他激动地表示，一定穷毕生精力，烧制出名实相符的云南"永子"。在省体委有关领导的热情支持下，陈西伯毫不保留地拿出私有的化学原料和坩埚，添置了部分必需品，便开始试验烧制棋子了。这期间，陈毅同志不断来电，频频关切。有次艾思奇的女儿途经昆明，还带来了他老人家的亲切慰问。历经半年多的艰苦努力，一颗颗色似嫩芽的白子和晶莹凝重、黛而润泽的黑子终于烧制出来了。这些棋子扣向棋盘叮当作响，真使对弈者兴趣倍添。经国家体委鉴定后认为，这种棋子不但具有老"永子"扁平圆浑、色泽柔和、棋质沉重的优点，而且在色泽、硬度、牢度等方面较之老"永子"高出一筹，遂得新名"云子"。

　　一九六五年初冬的一天，陈西伯正忙于烧棋子，突然一辆小车轻捷而至，说陈毅同志有请。当陈西伯身着工作服、激动又紧张地跨入宾馆客厅时，一阵爽朗的笑声送来一个亲切的问候："啊！你来了，你好啊，陈老先生！"陈毅同志健步走到陈西伯跟前，紧握住他的手，深情地说道："感谢你了，感谢你使'永子'失而复得，感谢你使'永子'再生，你辛苦了！"陈西伯异常激动，双眼闪出泪花："全是您的关怀哪，要不是您扶持，我真不知道'云子'何时才能问世！""陈老先生，你恢复了祖国的一项传统工艺，我代表人民感谢你。今天请你来一起吃个晚饭，这是我的一点心意，借以表示对你的感激和问候。"陈毅同志边说边拉着陈西伯进入餐厅，并亲手为他斟酒夹菜。老人百感交集，拿筷子的手不禁微微颤动。陈毅同志关切地对他说："陈老先生，今晚本来要跟你下棋的，看你衣服穿得有点单薄，年纪大的人着凉不好，棋改日再下吧！"饭后，陈毅同志又亲自送陈西伯老人上车回家。

多么令人难以忘怀的往事！敬爱的陈毅同志，围棋曾陪伴你走过漫长的革命道路——不管在法国里昂的监狱中，还是在赣南游击的日子里，坚毅而又乐观的您与围棋结下了不解之缘。新中国成立后，"云子"在您的关怀下获得新生，使我国的围棋事业倍添光彩。您与祖国的围棋事业永存人心。

（原载《春城晚报》1981年9月22日第4版）

附录四

"云子"源流小识（节录）

陈建群

　　云南地处边陲，与内地相比，经济、文化的发展在某种程度上显得相对落后。然而云南出产的围棋子——"云子"，却为华夏第一品，足堪自豪。"云子"古又称"永子"，是因其主产云南永昌郡（今云南保山地区）而得名。"云子"近代如北方一带俗称"云饼""云扁"，皆因其圆且扁平，"饼""扁"，一韵之转，意思却都一样。正宗"云子"，为多种矿物经一千多摄氏度高温烧炼熔化，状如火山熔岩，产生化学变化后，经手工蘸汁滴制，自然冷却后的产品，白子莹白如脂玉，黑子一般乌黑透碧或透蓝，皆润泽可爱。

　　"云子"的生产，历史久远。据传唐宋时期已轫创，不过此说并无史料支持。而到了明清时代，则可明确无疑地认定，当时的"云子"已蜚声海内。明代小说家凌濛初在其作品《二刻拍案惊奇》"小道士一着饶天下，女棋童两局定终身"一回中，提到云南围棋："中间一张桌儿上放着一个白铜镶边的湘妃竹棋枰，两个紫檀筒儿，贮着黑白两般云南窑棋子。"明代伟大地理学家徐弘祖于崇祯十二年（1639年）三月到达永昌，在其不朽之著《徐霞客游记》中，对"西南一大都会"的保山的山川地理、历史文物、民俗民风、经济物产等都做了记载，在提到宝石、琥珀、玛瑙、大理石的同时提到棋子，"棋子出云南，以永昌者为上"（《游记》卷十八）。明代刘文征所撰《滇志》卷三言永昌物产云"……为靛、纸、胶、腊、桐花布、竹布、紫梗、料棋……"所谓"料棋"，即用矿料烧制的围棋子。难得的是，有关史料约略记载了当年"永子"的生产用料和工艺。《永昌府志》："永昌之棋甲于天下。其制法以玛瑙石合紫石英研为粉，加以铅硝，投以药料合炼之。用长铁蘸其汁，滴以成棋。有鸦色深黑者，最坚；次碧绿色，稍脆；又腊色、杂色及黑白俱有花者，其下也。"又据清刘崑《滇中杂记》："滇南皆作棋子，而以永昌为第一，盖水土之别云。烧法以黑铅七十斤，紫石英三十斤，硝石二十斤为一料，可得棋子三十副，然而费工本已三十六七两矣。其色以白如蛋青、黑如鸦青者为上，若鹅黄鸦绿、中外洞明者，虽执途人而赠之，不受也。烧棋者以郡庠生李德章为第一。世传火色，不以授人也。"需要指出的是，这"传统配方"原本不全，若照此如法"炮制"，产品必然乌铅满手，脆不堪用。今天的"云子"，其质量已超过老"云子"不啻数倍乃至数十倍，真正是不可同日而言。

为什么地处僻远的云南，古代却能生产出驰名的名牌"云子"，却是一个谜。考其大概，于今人重新认识云南，不无裨益。三千多年前的中原青铜文化的礼器代表"鼎"，在南方荆楚则表现为"铜鼓"。西南地区考古发现所见甚多。据《太平御览》卷五百八十二、乐部八十、鼓引《大周正乐》云："刘贶曰：'铜鼓，铸铜为之，虚其一面，覆而击其上。南蛮、扶南、天竺类皆如此，岭南豪家则有之。大者广尺余。'"云南物产丰富，尤其矿产，自古代有所书……古代的云南与内地的交往，远比想象的为通畅频繁。明代以后的大量移民、屯垦，内地的先进生产技术源源不断传入，商贾、官员的进出调动，外籍人士的入滇为官，滇籍人士入内，想必作为一方贡品的"永子"当然可以携出江河周边……一般的棋子质材常见的有石、木、泥、陶、瓷、塑料等，高档一些的有玻璃、玛瑙、水晶、玉石等，奢华一些的有象牙、金、银等，已无实用价值。"云子"为玻璃配方结构，至于配方具体，事设保密，不得而知。总之，同云南自古而有的高度冶炼技术不无关系。史上棋子进贡，本非一处……云南棋子后来居上，必有其独特的优点，如形制大小规范、颜色纯、厚重沉稳、目、手感好、结实耐用等，兹不赘。

明代末期，社会动荡，保山地区兵燹频仍，百业萧条，"永子"的生产也日趋没落。到了清末，已是苟延一线如游丝似绝未绝，薪传不在，终于失传。新中国成立之初，据说保山城中只有一位庄姓人家，保有完整的一副"永子"。

新中国成立初期，万帆竞发，百业待举。50年代，日理万机的周恩来总理、陈毅副总理对恢复我国的围棋事业十分关心，多次要求云南省体委一定要把失传多年的"云子"发掘制造出来，使得这一五百年前的珍瑰重放异彩。陈毅副总理……年轻时他便是一位执迷的围棋爱好者。数十年戎马生涯，即使在炮火纷飞下，他仍可以"从容谈兵"，颇有东晋谢安肥水之战时，亦弈棋雍容，"小儿辈破贼矣"之风范……时陈毅副总理兼外交部部长，多次出国访问经过昆明，几乎每回他都要关注"云子"的情况，在不同场合一再嘱咐："云南围棋子在历史上很有名，要努力发掘制造出来，不要失传了。"

要说"云子"之丝似绝未绝，是因为60年代初期，昆明有一家生产传统"斑铜"制品社的小厂，还在生产一种"云子"。其外观形制都同传统产品，只是黑白子由于技术未过关，每有气泡沙眼（黑），泛有些许杂色（白，原料熔化不充分所致）。最大的弱点是强度不够，脆且易碎。尤其是长期搁置不用，个别棋子会风化裂开，大多数棋子会表面泛黑（有铅或碱类析出），质量不高。陈毅副总理经过昆明期间，经常找一些当地的老干部下棋。其中，有史怀璧（时为云南省副省长）、林亮（时为云南省轻工业厅厅长）、程永和（时为云南政法干部学院院长）等，每相邀过从。几位嗜棋的老干部在当地均有人望，对省情了解，多方询查，得知当时还有一位叫陈希白（西伯）的老先生自己曾烧制过"云子"。据林扬《陈毅与"云子"》（《围棋天地》1994年第10期）文载："陈老先生1894年生于昆明，其时已年近古稀。他一生经历坎坷，曾从事陶瓷、邮政、卷烟、建筑、火柴、花木等多种行业工作，对化工特别钟情，一度靠做化学纽扣、人工宝石为生。由于当年东渡日本时，爱上了围棋，所以曾通过探索，把现代化学知识与古老的'永子'生产工艺结合起来，烧制围棋子贴补家计，并赠予亲友。解放后在昆明工业学校工作，不能再私制售围棋，但棋友的'云子'缺失无处购买，他常烧制一些予以补上。有关方面曾几次动员他出来生产'云子'，都被拒绝了。陈毅同志知道这个情况后，请史怀璧、林亮等同志转达他的口信，动员陈老先生出来。时逢陈老先生大病初愈，病中曾得到精心的治疗和护理，深感社会主义祖国给了自己第二次生命，正图为祖国报效，一听是陈老总召唤，立刻答应'出山'。"

陈希西白（西伯）老先生少量制造的"云子"，客观公正地讲，较老"云子"质量为好。但旋即"文化大革命"风暴席卷而来，"云子"的生产也就停止了。记得70年代中期，笔者曾同一朋友到昆

明市潘家湾一巷中拜访过陈老先生。他中等身材，
面容清癯，言谈儒雅，很有修养。他曾出示其烧制
的棋子，果然不同一般。白子呈乳白色，有如脂
玉；黑子基本有透绿、透蓝两种，对着明光，皆澄
澈无瑕。尤其蓝色一种，深蓝色淡紫，像高原未曾
被污染的天空一样；淡蓝如海蓝宝石，纯洁到令人
生幻，皆十分赏心悦目。不论透绿、透蓝，搁在平
面桌上，又是莹黑一片，真是妙不可言。

（原载中国围棋协会《围棋天地》

1999年第6期节录）

后　记

改革开放后，"云子"生产配方通过不同途径传播到各地。云南围棋子生产如雨后春笋般发展起来，最多时有三十多家。北京中日围棋会馆曾将陈西伯研制的黑白"云子"珍品两枚及贝雕的日本围棋子两枚，作为研制样品，赠予云南九星围棋厂。昆十二中校办工厂也改为云南围棋厂，整体搬迁至官渡古镇，"云子"年产量可达十万多副。

岁月匆匆，陈毅副总理和陈西伯先生虽早已仙逝，但是他们以及其他很多人对恢复和发展"云子"生产做出的贡献，国家和人民是永远不会忘记的。

2016年2月2日，云南围棋厂原厂长罗玲在官渡古镇围棋厂，邀请陈西伯亲属与资深记者陈建群（曾到陈西伯家中采访，写有《"云子"源流小识》一文发表于《围棋天地》1996年第6期），云南省体委云南围棋队领队、云南棋协法定代表人周林书，云南围棋厂第四任厂长、云南围棋厂总工程师、"云子"研究院院长何华封等人座谈，他们都是陈西伯研制"云子"的知情者和见证人。有人说根据光谱分析和化学分析就能制出"云子"，何华封（毕业于武汉理工大学硅酸盐专业）座谈时说："光谱、化学分析可以鉴定围棋子成分，但不能说明是怎么做成的，许多原料的杂质才可能是围棋子的主要成分，是在烧制过程中分子结构发生变化产生的。"他说，他从骨子里就认为陈西伯是"云子"创始人，一直在找其后人，应该恢复历史原貌。

他说："没有陈老先生，就没有云南的'云子'，更谈不上今天的发展。他是开山鼻祖，就是他搞的，由于他开了这个头，后来我们才能续写这段历史……"（据座谈会录音整理）

大家参观了云南围棋厂的生产情况，看到"云子"已部分实现了机械化生产，实现了陈西伯的夙愿，陈西伯家属感到莫大的欣慰！

陈西伯兴趣广泛，勤于学习，善于思考，多才多艺，从事多种职业均有成果。他自恃聪明有才学，不善周旋圆滑，不肯低三下四、委曲求全，有着知识分子骨鲠孤傲的一面。但性格决定命运，他倔强的性格，导致他一生命运多舛，也造就他丰富多彩的人生经历。

　　陈西伯老人是一个传奇式的人物，他一生有许多故事。关于他研制成功"云子"以及陈毅副总理在昆明专门宴请他的那段难忘的往事，多年来一直散见于各类报纸杂志，被人们所津津乐道。但这些文章大都散碎无序，且不完整，更缺乏对陈西伯老人一生经历的介绍。如何将陈西伯传奇的一生比较全面准确地记载下来并留给后人，让"云子"重生，还原历史本来面目，这是陈西伯家人及后辈们的愿望，也是对国家级非物质文化遗产代表性项目的传承及保护，还是历史的责任。正如亲历"云子"恢复试制整个过程的云南省老领导林亮的儿子林扬在《陈毅与"云子"》一文中写道：后来"云子"生产又经历了十年浩劫的冲击等不少曲折，其生产发展到今天的规模还得力于许多人的共同努力和探索、创新。但是，"云子"毕竟是从此（陈西伯）开始生产，其基本配方和生产技术从此外传，"云子"生产正是以此为转折点，从衰亡走向兴盛，从源远走向流长。

　　2021年7月13日，是陈西伯老人逝世四十周年纪念日。几天后，陈西伯的后人相约，于7月25日在昆明北郊小聚，商量将陈西伯一生的各种资料整理汇编成《匠心——"云子"诞生记》，以完成大家多年的共同心愿。

为了完成这部作品，陈西伯子女陈天震、陈天杰、陈天奇、陈伟红，孙陈甘以及外孙郝性中、郝忻中、李啟真、李啟美、杨齐芳等人分头查阅各种资料，认真回忆陈西伯生前往事，并走访其他亲戚朋友，根据大家提供的资料，由李啟美执笔写作。

大家认为，撰写这部作品，我们要遵循以历史事实为依据、不夸张、不编造的原则，没有事实的资料，宁可不要也不随意写入。

历史不能忘记，这不是一句空话。当年经历和参与"云子"恢复试制的人都已经基本逝去，以后恐怕不会有亲自参加且有机会接触第一手资料、经历过"云子"恢复试制这段历史的人来记述"云子"恢复试制的过程了。

这里还要特别提一下，本书的编写得到了《非遗云南》编辑部王洪君老师的帮助、指导，尤其初稿完成后，他对书中很多章节的文字做了必要的衔接、补充完善，使文章更具可读性和思想性。当陈氏后人对此表示感谢之意时，王老师感慨地说：

"不用谢，承蒙陈氏家族垂青，我才能有幸参与本书的后期编辑，重新认识'云子'，知晓陈西伯先生传奇的一生。而陈氏后脉对于先辈生平之珍视且推崇，也令人景仰，愿这种工匠精神永续。"

经过两年多的努力和反复讨论修改，《匠心——"云子"诞生记》终于收笔。由于时间跨度大，不少珍贵的文字材料及实物遗失，陈西伯及他的六七个子女又先后过世，再多的精彩片段及细节也无人能够回忆，只能留作遗憾了。此外，由于参阅的资料多，若有未注明出处的，恭请原作者见谅，并在此致以谢意！

2024年元月6日，是陈毅副总理逝世五十二周年纪念日。2024年也是陈西伯一百三十周年冥诞。撰写本书是对陈毅元帅的感谢和致敬，没有他的关心指导，也就没有今天的"云子"。

李啟美

2024年1月